Aron Jährig

Die Stauferpartien im Eneasroman

GRIN Verlag

Bibliografische Information der Deutschen Nationalbibliothek:

Die Deutsche Bibliothek verzeichnet diese Publikation in der Deutschen National-
bibliografie; detaillierte bibliografische Daten sind im Internet über http://dnb.d-
nb.de/ abrufbar.

Impressum:

Copyright © 2010 GRIN Verlag, Open Publishing GmbH
Druck und Bindung: Books on Demand GmbH, Norderstedt Germany
ISBN: 978-3-640-94887-1

Dieses Buch bei GRIN:

http://www.grin.com/de/e-book/174572/die-stauferpartien-im-eneasroman

GRIN - Your knowledge has value

Der GRIN Verlag publiziert seit 1998 wissenschaftliche Arbeiten von Studenten, Hochschullehrern und anderen Akademikern als eBook und gedrucktes Buch. Die Verlagswebsite www.grin.com ist die ideale Plattform zur Veröffentlichung von Hausarbeiten, Abschlussarbeiten, wissenschaftlichen Aufsätzen, Dissertationen und Fachbüchern.

Besuchen Sie uns im Internet:

http://www.grin.com/

http://www.facebook.com/grincom

http://www.twitter.com/grin_com

Germanistisches Institut: Abteilung Literatur des Mittelalters

Seminar „Eneasroman"

WS 2009/10

Referent: Aron Jährig

Datum: 17.02.2010

Ausarbeitung:

Die Stauferpartien im Eneasroman

Aron Jährig

M.ed. Bautechnik/ Deutsch

3.Semester

Inhaltsverzeichnis   **Seite:**

1.) Einleitung

In der vorliegenden Ausarbeitung soll zum einen ein geschichtlich begründeter Zusammenhang zwischen dem Protagonisten Eneas und dem deutschen Kaiser Friedrich Barbarossa aufgezeigt werden. Dazu werden im Folgenden die beiden Stauferpartien des Eneasromans hinsichtlich des historischen Gehaltes und eventueller textueller oder symbolischer Bezüge näher beleuchtet. Ferner soll in Ansätzen erläutert werden, ob (und gegebenenfalls wie) Heinrich von Veldeke diese Abschnitte, die von ihm erst nachträglich in sein Werk eingebracht wurden, gezielt einsetzte und was eine potentielle Absicht seiner Umsetzung sein könnte. Um den wahren Gehalt der Partien zu verstehen und die daran geknüpfte Intention(en) besser beurteilen zu können, muss auch das Verständnis der mittelalterlichen Herrschaftslegitimation berücksichtigt werden, wie Barbarossa es in seiner Regierungzeit zum Ausdruck brachte, wobei ein zentraler Aspekt die Art der Verknüpfung des Deutschen Reiches mit dem (antiken) Römischen Reich sein wird.

2.) Die Stauferpartien im Eneasroman

2.1) Die 1. Stauferpartie

Die erste Stauferpartie (ER, V. 8374-8419) berichtet von der Auffindung des Pallasgrabes und der Kaiserweihe Friedrich Barbarossas im Jahre 1155. Besonders auffällig ist, dass Veldeke hier wie auch in der zweiten Stauferpartie explizit den Wahrheitsgehalt seiner Ausführungen bestätigt. Die Tatsache der Grabauffindung untermauert er mit „Das ist nicht erfunden." (ER, V. 8387). Dennoch kann heute als gesichert gelten, dass die Grabstätte tatsächlich niemals gefunden worden ist. Unabhängig vom historischen Wahrheitsgehalt verfolgt Veldeke demnach eine tiefere Intention, indem er dem Leser des Weiteren mitteilt, dass das bei der Grablegung entfachte Feuer in der aufgehängten Grablampe, das als unauslöschlich galt, dann doch bei der Öffnung des Grabes erlischt. Und das Ganze ereignete sich laut Veldeke kurz nach der Kaiserweihe Friedrichs I.. Diese zeitliche Nähe lässt Raum zu der Annahme, dass das Erlöschen des Lichtes und die Kaiserkrönung in einer bestimmten Beziehung zu einander stehen, die hier symbolhaft zum Ausdruck gebracht wird.

Zunächst ist festzustellen, dass die Figur des Pallas und Friedrich Barbarossa auf Ebene ihrer ganzen Persönlichkeit große Ähnlichkeiten hatten: Pallas wird als sehr tapferer, kühner und edler Mensch beschrieben, der in Pracht und Herrlichkeit von seinem Vater zum Ritter geschlagen wurde (Vgl. ER, V. 6288f.). Er stellt die sinnbildliche Verkörperung des damaligen ritterlichen Helden dar und war darüber hinaus der erbrechtlich einzig legitime Nachfolger des Königs Euander über das italienische Reich.

Friedrich Barbarossa ist nach den Geschichtsquellen und den historischen Fakten in einer vergleichbaren Position gewesen; auch er war für die früh mittelalterliche Welt des 12. Jahrhunderts (zumindest aus deutscher Sicht) ein großer Held, der den ritterlichen Tugenden in nichts nach stand und durch seine politischen und kriegerischen Erfolge den Höhepunkt der Staufermacht im Deutschen Reich herbei führte. Veldeke beschreibt ihn als mächtigen und ruhmreichen Fürsten (Vgl. ER, V. 8378), der *„so hoch geehrt [wurde],/ daß [sic!] man für alle Zeiten/ Wundergeschichten davon erzählen kann"* (ER, V. 13245ff.). Wenn nun direkt nach seiner Kaiserkrönung das „ewige Licht" zum Erlischen kommt, dann liegt der Schluss nahe, dass dies symbolisch das endgültige Ende der Ära des Pallas bezeichnet (und somit auch das Ende der bis auf Friedrich zurück reichenden Herrscher) und in Barbarossa ein würdiger und mindestens ebenbürtiger Nachfolger gefunden wird.

Da Pallas seiner natürlichen Stellung nach auch für die Herrschaftslegitimation via Erbrecht steht, könnte man daraus ableiten, dass sich Friedrich Barbarossa durch seine Kaiserkrönung nun auch in dieser antiken Geschlechterlinie befände und dadurch ein neuer, aber völlig rechtmäßiger Nachfolger eines Herrschergeschlechts wurde. Tatsächlich hatte Barbarossa eben gerade dieses Verständnis von Herrscherlegitimation, nach der das Recht zur Regierungsgewalt allein über die Erblinie weitergegeben wird, in seiner Amtszeit als allgemein verbindliches Verständnis durchgesetzt und demonstrativ vorgelebt, wie dies im Folgenden noch näher gezeigt werden soll.

2.2) Die 2. Stauferpartie

2.2.1) Demonstration des Erbkaisertums

Die zweite Stauferpartie (ER, V. 13222-13252) handelt vom Mainzer Hoffest, das im Jahre 1184 stattfand. Veldeke fügt diese Begebenheit nicht ohne Hintergedanken unmittelbar an die große Hochzeitsfeier des Eneas an. Letztere wird zuvor ausgiebig und umfangreich erörtert und stellte laut Veldeke ein Fest von solcher Größe dar, wie es in deutschen Landen niemals ein vergleichbares gegeben habe (Vgl. ER, V. 13218f.); mit Ausnahme des Mainzer Hoffestes. In der Tat war das Mainzer Hoffest ein überaus pompöses und großes Fest: mehr als 70.000 Ritter, Adelige und Fürsten aus den deutschen Landen und weit darüber hinaus nahmen an dieser auch als Reichsfest bezeichneten Feier teil, die über die Tage des Pfingstfestes andauerte.[1] Bisweilen wird das Pfingstfest in Mainz als „der Höhepunkt in der Geschichte der deutschen Kaiserzeit, ja des Mittelalters überhaupt"[2] bezeichnet.

Unter genealogischem Gesichtspunkt mit besonderem Bezug auf die Erblinie der Herrschergeschlechter hatten die beiden Festfeiern ein und dieselbe Funktion: Sie legten jeweils den Grundstein für das Fortbestehen der Tradition des Erbkönig- bzw. Erbkaisertums, wobei Veldeke durch die Zusammenführung der beiden Ereignisse in seinem Eneasroman auch ihre genealogische Nähe deutlich bezeichnet: Eneas konnte durch die Heirat mit der Herrscherstochter Lavinia seine Ahnenreihe über seine Nachkommen fortsetzen; so wurde die Erblinie bis in die Jetztzeit des Autors weitergeführt. Kaiser Friedrich I. benutzte das Mainzer Hoffest seinerseits, um den Fortbestand des Erbkaisertums praktisch an seinen beiden Söhnen Heinrich und Friedrich zu demonstrieren, in dem er sie durch die alte Tradition der Schwertleite vor den tausenden Gästen des Festes als seine direkten Nachfolger deklarierte.

Der Brauch Schwertleite war ein institutionalisierter Ritus, bei dem der Machthaber seinem Untertan in einer festgesetzten Handlung ein Schwert übergab, in dem es ihm um die Hüfte gebunden wurde. Dieses Ritual brachte öffentlich zum Ausdruck, dass der Betroffene seine Volljährigkeit erreicht hatte und, im Falle der Söhne Barbarossas, nun selbständig in der Lage war, seine Macht weiterzugeben und das Herrschergeschlecht fortzusetzen. Sinn und Zweck der Hochzeit sowie des Hoffestes lagen also in der praktischen Umsetzung und Aufrechterhaltung der

---

1 Vgl.: Das Mainzer Hoffest von 1184.
2 Ebd.

Erbherrschaft. So erscheint die Einbettung des Mainzer Hoffestes als vom Autor bewusst akzentuiert, da beide Ereignisse bedeutungssynonym sind und zugleich die e i n e durchlaufende Genealogie des Herrschergeschlechts gezeigt werden soll. Auch Thomas geht in seinem Aufsatz weniger von einer typologischen „Vollendung" als von einer Wiederherstellung bzw. Erneuerung des antiken Vorläufers aus: Veldeke sah „die Mainzer *hohzit* als die *renivatio* derjenigen von Barbarossas Stammeltern.".[3]

Gottfried von Viterbo, Diplomat im Dienste von Barbarossas Staufenpolitik, bringt in seinem Werk „Speculum regum" von 1183 eben diesen Genealogiegedanken explizit zum Ausdruck: er konstruiert einen stufenlosen Verlauf der Geschlechter von Eneas über Bertha, der Gemalin Pippins , und Karl den Großen bis zu Friedrich I. (bzw. bis zu seinem Sohn Heinrich VI.), was bedeuten würde, dass die Staufer in direkter Linie von den Trojanern abstammen würden. Unter Berücksichtigung dieser Ausführungen geht Heinz Thomas soweit zu sagen, dass „Veldekes „Eneide" [.] demnach nicht nur die Vor- und Frühgeschichte des römischen Reiches gewesen [sei], sondern darüber hinaus noch das Epos vom Ursprung der staufischen Sippe.".[4]

Ob Veldeke ein vergleichbares Verständnis von seinem Eneasroman gehabt haben konnte, bleibt fraglich. Doch selbst wenn ihm das Werk von von Viterbo nicht bekannt gewesen war, so war er zumindest mit einem ähnlichen Gedankengut konfrontiert worden, als er „1184 in Mainz den Literaturkreis um Kaiser Friedrich kennenlernte.".[5] Thomas geht sogar fest davon aus, dass „dank Gottfrieds „Speculum Regum" das Thema Troja und Aeneas in den Tagen des Mainzer Hoffestes im Umkreis Barbarossas und seiner Söhne *weit mehr als nur antiquarisches Interesse* [Hervorh. von mir] auf sich gezogen hat.".[6]

2.2.2) Barbarossas „sacrum imperium"

Als Prämisse der mittelalterlichen Weltanschauung gilt: „Die Schaffung und allmächtige Leitung allen irdischen Daseins durch Gott kann als elementarer Gedanke des mittelalterlichen Geschichtsbewusstseins bezeichnet werden.".[7] Dieser Grundsatz hatte in allen Lebensbereichen seine Berechtigung, in

---

3 Thomas: Matiere de Rome-Matiere de Bretagne. S.80.
4 Ebd. S. 76.
5 Ebd. S. 76.
6 Ebd. S. 76.
7 Opitz: Historiographisches Erzählen im „Eneas" Heinrichs von Veldecke. S. 199.

besonderem Maße aber, wenn es um Machtverständnis und Herrschaftslegitimation ging: „Gott offenbart sich als Lenker einer Geschichte, die geradlinig von ihrem Anfang zum Endpunkt verläuft.".[8]Dieser Aspekt bestimmte auch die herrschaftliche Rechtfertigung des staufischen Geschlechts. Wie schon Karl der Große Jahrhunderte früher, so sah auch Friedrich Barbarossa sein Reich als die Fortsetzung des antiken römischen Imperiums.

Dieser Leitgedanke der mittelalterlichen Reichsideen entspringt dem biblisch verankerten Geschichtsmodell der Vier-Weltreichs-Lehre, die durch den Propheten Daniel ca. 600 v. Chr. hervor gebracht wurde. Dieser beschreibt in seiner Vision vier phantastische Tiere, die aus dem Meer herauf steigen: einen Löwen mit Adlerflügeln, der symbolisch für das Babylonische Reich steht, einen Bären, der das Medo-Persische Reich vertritt, einen Leoparden, das Bild des Griechischen Reiches und zuletzt ein schreckliches Tier, das ein Bild des großen Römischen Reiches darstellt. Die Abfolge der beschriebenen Weltreiche ist zeitlich streng linear, so dass ein Reich das vorhergegangene ablösen würde. Die ersten drei Weltreiche sind bereits untergegangen; das letzte Reich ist seiner ursprünglichen Form nach ebenfalls zu seinem Ende gekommen; da der Prophet Daniel jedoch im Anschluss an das Römische Reich das Kommen des Antichristen ankündigt, was mit seinen Konsequenzen das Ende der Herrschaft der Nationen bedeutete, so musste das letzte Reich ja noch so lange fortbestehen, bis der Antichrist auf der Erde erscheinen würde. Und da letzteres bis zum Zeitpunkt Friedrich Barbarossas offenbar noch nicht geschehen war, konnte es nicht anders sein, dass auch das Stauferreich die Weiterführung des Römerreiches darstellten musste.

Barbarossa führte des Weiteren im Jahre 1157 einen neuen Reichbegriff ein; der seit Karl dem Großen geläufige Terminus des „imperium romanum" änderte er um in „sacrum imperium". Während die Kaiserkrönung im „imperium romanum" unbedingt von der Staatskirche „abgesegnet" werden musste, änderte sich dies unter der Stauferherrschaft grundlegend: die göttliche Legitimation des Kaisers kam nicht mehr durch die Zustimmung des Papstes zustande, sondern wurde als unmittelbar von Gott selbst gegeben definiert, was durch das neue Beiwort „sacrum" zum Ausdruck kam. Als direkte Folge ging der römischen Kirche jedweder Herrschaftsanspruch (territorial, politisch etc.) verloren. Friedrich I.

---

8 Ebd. S. 203.

verstand sich als direkt von Gott eingesetzt. Dennoch wurde die päpstliche Zeremonie beibehalten als ein formaler Akt ohne jede Kraft.[9] Das wesentliche Instrument der Herrschaftslegitimation bestand nun mehr in der Aufrechterhaltung der Erblinie der Staufersippe.

In Anlehnung an die geografische Ausdehnung des „sacrum imperium" unter Barbarossa kam es dann zu einer weiteren Begriffsänderung: das „sacrum imperium" erhielt den Zusatz „romanum" und wurde dadurch zum „sacrum romanum imperium". Dadurch wurde kenntlich gemacht, dass der territoriale Raum des „alten" Reiches, welcher sich bisher nur auf das nordalpine Gebiet bezog, um die italienischen und französischen Areale erweitert worden war, so dass dieses erweiterte Territorium des Deutschen Reiches nun annähernd dem antiken römischen Reichsgebiet gleich kam. Der Begriff des „Heiligen Römischen Reiches" taucht zum ersten Mal 1254 in Urkunden auf, fand aber wohl schon unter Barbarossas Regierung Eingang in das Vokabular der Obersten und blieb bis zum Jahre 1806 der bestimmende Reichstitel.

Schlussbetrachtung

Eine wichtige Frage, die sich aus der intensiveren Betrachtung der Stauferpartien ergibt, lautet: Aus welchem Grund hat Veldeke seinen Eneasroman bewusst mit „offenen und verdeckten Anspielungen auf das Kaisertum Barbarossas" versehen?[10]

Fest steht, dass Veldeke sich zur Zeit der Fertigstellung des Eneasromans (etwa um 1184-86) am thüringischen Hof befand und dadurch eine große Nähe zum Kaiser hatte, die darin begründet war, dass sein neuer Mäzen, der Landgraf Ludwig II. (und dann sein Sohn Hermann I.),oft mit Barbarossa verkehrte (Heirat mit der Schwester Friedrichs). Und dass Veldeke die Stauferpartien „unzweifelhaft mit Blick auf Barbarossa"[11] verfasst hat, liegt auf der Hand. Es könnte demnach sein, dass Veldeke eine staufische Herrschaftspropaganda am Herzen lag?!

Dittrich weist jedoch eine rein politische Motivation Veldekes (für eine staufische Reichsidee) entschieden zurück; sie vertritt vielmehr die Ansicht, dass z.B. der Lobpreis Friedrichs in der zweiten Stauferpartie einer persönlich bedingten

---

9 Vgl.: Naumann: Deutsche Geschichte. S. 8ff..
10 Thomas: Matiere de Rome-Matiere de Bretagne. S.89.
11 Ebd. S. 73.

Verehrung entspringt, die Veldeke seinem Kaiser und der von ihm verkörperten Reichsidee entgegen brachte.[12]

Ein weiterer nahe liegender Gedanke hängt mit der Vollendung des Eneasromans unmittelbar nach dem Mainzer Hoffest zusammen:[13]Es wäre möglich, dass Veldeke die gesammelten Eindrücke und Ideen der Literaten aufgegriffen hat und als ein verantwortungsvoller Autor versucht hat, diese aktuellen literarischen Tendenzen nachträglich in sein Werk einzuflechten. Da es noch weitere verschiedene Ansätze zur Klärung des „Warum" gibt, bleibt eine eindeutige Lösung nur ein Wunschgedanke. Eine genauere Belichtung von Veldekes Leben und persönlichen Motiven wäre sehr hilfreich, ist aber leider kaum mehr möglich.

---

12 Dittrich: Die „Eneide" Heinrichs von Veldecke. S. 573ff..
13 Vgl.: Thomas: Matiere de Rome-Matiere de Bretagne. S.86.

Literaturverzeichnis

Primärliteratur

Heinrich von Veldeke: Eneasroman. Mittelhochdeutsch/Neuhochdeutsch. Nach
dem Text von Ludwig Ettmüller in Neuhochdeutsche übersetzt, mit einem
Stellenkommentar und einem Nachwort von Dieter Kartoschke. Stuttgart:
Reclam 1997.

Sekundärliteratur

Thomas, Heinz: Matiere de Rome - Matiere de Bretagne. Zu den politischen
Implikationen von Veldekes „Eneide" und Hartmanns „Erec". Hrsg. von
Werner Besch u.a.. Berlin: Erich Schmidt 1989 (Zeitschrift für deutsche
Philologie. Bd.108.). S.65-105.

Opitz, Karen: Geschichte im höfischen Roman. Historiographisches Erzählen im
„Eneas" Heinrichs von Veldecke. Heidelberg: 1998 (GRM Beiheft 14). S.
199-216.

Dittrich, Marie- Luise: Die „Eneide" Heinrichs von Veldecke. Wiesbaden: Franz
Steiner 1966 (Bd.1).

Naumann, Günther: Deutsche Geschichte. Das Alte Reich 962-1806. Frankfurt:
Marix 2008 (Bd.1). S. 8-25.

Internet

Das Mainzer Hoffest von II84. [http://www.litde.com/hfische-feste-das-protokoll-
der- umgangsformen/das-mainzer-hoffest-von-ii.php. Online:01.02.2010]